des chiens

des lapins

une crête
un bec
une poule
des plumes
un nid
des poussins

des chevaux

une queue
une truie
un porcelet
de la boue
des cochons

une vache
des taches
une cloche
des mamelles
un veau

des cornes
une barbichette
une chèvre
un chevreau
une
fleur

des chauves-souris

des sangliers

des renards
une renarde
un renardeau
des pattes

une biche
un faon

une ourse
un ourson

un écureuil
de la fourrure
un gland

des castors
une branche
un rondin

des aigrettes
une aile
des hiboux

des kangourous

des pandas
du bambou

des perroquets
des plumes

de l'eucalyptus
des koalas

des girafes
un cou
un girafon

des gorilles

des hippopotames

des autruches

des éléphants
des défenses
une trompe
un éléphanteau

des guépards

des flamants roses
un marais

des otaries

des manchots
de la glace

une carapace
des tortues
de mer
du sable

des orques

des bulles
un aileron
des dauphins

une chatte
un chaton
une souris mécanique
des chats